# BEI GRIN MACHT SICH IHR WISSEN BEZAHLT

- Wir veröffentlichen Ihre Hausarbeit, Bachelor- und Masterarbeit

- Ihr eigenes eBook und Buch - weltweit in allen wichtigen Shops

- Verdienen Sie an jedem Verkauf

Jetzt bei www.GRIN.com hochladen und kostenlos publizieren

# Compliance und Adhärenz in der Beratung. Umgang mit dem sich distanzierenden Kommunikationsstil

**Bibliografische Information der Deutschen Nationalbibliothek:**

Die Deutsche Nationalbibliothek verzeichnet diese Publikation in der Deutschen Nationalbibliografie; detaillierte bibliografische Daten sind im Internet über http://dnb.d-nb.de abrufbar.

ISBN: 9783346726377
Dieses Buch ist auch als E-Book erhältlich.

© GRIN Publishing GmbH
Nymphenburger Straße 86
80636 München

Alle Rechte vorbehalten

Druck und Bindung: Books on Demand GmbH, Norderstedt Germany
Gedruckt auf säurefreiem Papier aus verantwortungsvollen Quellen

Das vorliegende Werk wurde sorgfältig erarbeitet. Dennoch übernehmen Autoren und Verlag für die Richtigkeit von Angaben, Hinweisen, Links und Ratschlägen sowie eventuelle Druckfehler keine Haftung.

Das Buch bei GRIN: https://www.grin.com/document/1273729

**Anlage 1: Deckblatt**

# Einsendeaufgaben

**A1-A3**

**Alternative A- Gesundheitsförderung und Beratung**

abgegeben am 30.05.2018

SRH Fernhochschule

Modul: Gesundheitsförderung und Beratung

Studiengang: B. Sc. Psychologie

Studiengang: B.Sc. Psychologie

# Inhaltsverzeichnis

1 Teilaufgabe A1 ........................................................................... 3
   1.1 Beratung und schwierige Beratungssituationen ................................... 3
   1.2 Definition von Compliance und Adhärenz ........................................... 3
   1.3 Bedeutung von Compliance und Adhärenz in der Beratung ............... 4
   1.4 Ursachen für Non-Compliance und Non-Adhärenz .......................... 5
   1.5 Grundregeln des Beraters in schwierigen Beratungssituationen ......... 6

2 Teilaufgabe A2 ............................................................................ 9
   2.1 Systematischer Beratungsansatz ................................................... 9
   2.2 Salutogenese Konzept und Kohärenzgefühl ................................... 11
   2.3 Methoden des systemischen Ansatzes ......................................... 12

3 Teilaufgabe A3 ........................................................................... 15
   3.1 Kommunikationsstil und nonverbale Elemente ............................. 15
   3.2 Fallbeispiel aus der psychologischen Praxis .................................. 15
   3.3 Der sich distanzierende Kommunikationsstil ................................. 17
   3.4 Reaktion auf den sich distanzierenden Kommunikationsstils ............ 18

Literaturverzeichnis .......................................................................... 20

Abbildungsverzeichnis ...................................................................... 23

**Teilaufgabe A1**

**1.1 Beratung und schwierige Beratungssituationen**

Es gibt eine Vielzahl von Definitionen des Beratungsbegriffs. Nußbeck (2014, S.21) fasst die wichtigsten Beratungseigenschaften zusammen und definiert sie als zwischenmenschlicher Prozess in sprachlicher Kommunikation, der Informationen vermittelt und zur Verbesserung von Selbststeuerung sowie Handlungskompetenzen des Ratsuchenden beiträgt. Ebenso dient die Beratung als Entscheidungshilfe und zur Bewältigung von Krisen. Der Berater hat dazu das Expertenwissen, überblickt die Probleme des Klienten und arbeitet an einer positiven Beziehung. Der Ratesuchende zeigt einen Veränderungswillen und sucht die Beratung, in der Regel, freiwillig auf und beteiligt sich aktiv am Prozess. Jedoch beschreibt diese Definition mehr den Idealfall eines Beratungsprozesses. Im Praxisalltag ergeben sich in der Interaktion zwischen Berater und Ratesuchenden hin und wieder verschieden schwierige Beratungssituationen. Noyon und Heidenreich (2013, S.5-6) zählen hierzu dreißig Situationen auf, die auftreten können, wie beispielsweise: Abbruch der Behandlung durch den Klienten, Nicht- Einhalten von Absprachen, keine Eigenverantwortung, abweichende Wertvorstellungen und Ziele, Antriebslosigkeit, Intellektualisieren, kurzfristige Terminabsage oder Nicht-Erscheinen des Klienten, mangelnde Veränderungsmotivation, Schweigen, ständiges Reden, Verliebtsein des Klienten und Zweifel des Klienten am Behandler. Schwierige Beratungssituationen sind besonderer Nährboden für die Entwicklung von Non-Compliance und Non- Adhärenz, weshalb der Berater gewisse Grundregeln beherzigen sollte.

**1.2 Definition von Compliance und Adhärenz**

Die beiden Begriffe Compliance und Adhärenz sind wichtige Voraussetzungen im Therapie- bzw. Beratungskontext und werden häufig synonym und wenig trennscharf verwendet, obwohl sie unterschiedlich sind (Schäfer, 2017, S.16). Die Definition von Compliance, die am häufigsten zitiert wird, stammt von

Haynes. Hiernach ist Compliance der Grad „[…] in dem das Verhalten einer Person in Bezug auf die Einnahme eines Medikamentes, das Befolgen einer Diät oder die Veränderung des Lebensstils mit dem ärztlichen oder gesundheitlichen Rat korrespondiert." (Haynes, 1986, S.12). Für den Heilungserfolg ist die sogenannte Therapietreue essentiell. Nach diesem Modell liegt die einseitige Autorität und Entscheidungshoheit alleinig beim Arzt und die Präferenzen des Klienten haben keine Relevanz (Reichl, 2005, S.45). Es wird von Non-Compliance gesprochen, wenn weniger als 20% Übereinstimmung mit den ärztlichen Anordnungen seitens des Patienten eingehalten werden (Heuer; Heuer & Lennecke, 1999, S.11). Das partnerschaftliche Modell der Adhärenz hingegen verkörpert den „modernen Patienten", der nicht blind einfach ärztliche Anweisungen befolgt (Deber et al., 2005; zitiert nach: Schäfer, 2017, S.14), sondern mit dem ein kooperatives und übereinstimmendes Verhalten gefördert wird. Für den Therapieerfolg übernehmen Arzt und Patient gemeinsam die Verantwortung und treffen zusammen therapierelevante Entscheidungen (Schäfer, 2017, S.16). Man spricht von „Non-Adhärenz", wenn der Patient sich nicht oder nur unvollständig an die vorher mit dem Behandler vereinbarten Behandlungsabsprachen hält (Seemann; Kissling, 2008).

## 1.3 Bedeutung von Compliance und Adhärenz im Beratung

Besonders im Kontext von Beratungsansätzen werden mit dem Klienten außerhalb der Beratungszeit gemeinsame Absprachen (z.B. Hausaufgaben) getroffen, um die Theorie in die Praxis umzusetzen. Der optimale Beratungsprozess bedeutet „Hilfe zur Selbsthilfe" und handelt um Interventionen, die der Berater am Ratsuchenden mit dessen Zusammenarbeit vollzieht. Der Berater fungiert in dieser Situation mehr als Begleiter, während der Klient der aktive Part ist. Sogenannte Veränderungsprozesse stehen im Mittelpunkt jeder Beratung, da ohne sie kein Fortschritt zu erreichen wäre. Weshalb der Klient ein hohes Maß an Eigenverantwortung benötigt (Noyon; Heidenreich, 2013, S.88-89). Wonach sich genau an diesem Punkt, durch die ärztliche Dominanz, ein gezüchtetes Problem einstellt, weil das Konzept der Compliance über Jahrzehnte, eine vormundschaftliche Beziehung zu ihren Patienten unterstützte (Meißel, 1996, S.28). Das paternalistische Modell war interessiert an einem passiven Patienten und fand zu gleich einen Sündenbock, wenn die Therapieanweisungen nicht befolgt wurden und der Behandlungserfolg ausblieb, da hier die alleinige Schuld und das Fehlverhalten beim Klienten gesucht wurde (Coulter, 1999, S.719). Dieses Vorgehen produziert beim Patienten eine falsche Grundhaltung seiner Position gegenüber. Der Klient schildert sein Problem und erwartet genaue Handlungsinstruktionen, um mit minimalem Eigenaufwand (z.B. Tabletteneinnahme), sein Problem zu lösen. Dadurch kann bereits zu Beginn einer Beratung eine falsche Erwartungshaltung des Klienten entstehen und die Faktoren Compliance und Adhärenz negativ beeinflussen (Noyon; Heideneich, 2013, S.195). In den letzten Jahren unterliegt die Therapietreue jedoch einem Wandel und wird immer mehr unter dem Begriff Adhärenz verwendet. Das Interesse geht in Richtung Empowerment (Eigenverantwortung) des Klienten und fördert eine aktive, motivierte und beteiligte Anteilnahme des Klienten im Therapie bzw. Beratungsprozess (Schäfer, 2017, S.16). Der Fokus richtet sich mehr auf den Grad inwiefern sich ein Patient an einen Therapieplan hält sowie an das „Shared Decision Making", dass Berater und Klient zu gemeinsamen Entscheidungen anregt und beides Expertenwissen vereint. Der Berater mit dem Know-how für mögliche Interventionsmaßnahmen und Erfolgsprognosen und der Klient mit dem Wissen für seine eigenen Werte und Ziele. Der Beratungsplan erfolgt auf gegenseitigem Einverständnis („informed consent") (Noyon; Heidenreich, 2013, S.196) und fördert das adhärente Verhalten, um die fokussierten Ziele in der Beratung zu erreichen.

**1.4 Ursachen für Non- Compliance und Non- Adhärenz**

Die Gründe, weshalb ein Klient nicht adhärent ist, sind vielfältig. Die WHO (2003) nennt dazu fünf mögliche Faktoren: patientenbezogene-, krankheitsbedingte-, sozialökonomische-, therapiebezogene Faktoren sowie medizinische Betreuung und gesundheitsbedingte Faktoren. Weitere mögliche Gründe können sein, das eine individuelle Lebenslage mehr Beachtung benötigt oder der Berater zu hohe Anforderungen an den Klienten stellt, die zu Überforderung führen. Ebenso sind motivationale Konflikte und verminderte Priorität der Beratung im Leben des Klienten eine mögliche Ursache (Noyon; Heidenreich, 2013, S.89). Auch ambivalentes Verhalten kann gezeigt werden sowie Angst vor der Bearbeitung dysfunktionaler Verhaltensmuster. Oftmals ist auch der Leidensdruck eine entscheidende Komponente mit welchem Maß an Motivation sich ein Klient in der Beratung einbringen wird (Noyon; Heidenreich, 2013, S.90). Nach Wittchen und Hoyer (2011, S.445) sind Schwierigkeiten, wie beispielsweise wiederholtes Zuspätkommen, Versäumen der Beratungstermine, Vergessen von Vereinbarungen, Hinweise auf direkten oder indirekten Widerstand seitens des Klienten gegen die Behandlungsstrategien des Beraters. Der Berater kann die Compliance oder die Adhärenz mit falschen Verhalten, besonders in schwierigen Beratungssituationen, kippen. Daher ist es sehr wichtig in der Rolle des Beraters die nachstehenden Grundregeln zu beachten.

**1.5 Grundregeln des Beraters in schwierigen Beratungssituationen**

Es gibt kein Patentrezept gegen schwierige Beratungssituationen, jedoch erläutern Noyon und Heidenreich (2013, S.12-16) diverse Grundregeln, die ein Berater beherzigen sollte, wenn sich eine schwierige Situation einstellt. Die Autoren nennen hierzu eine 50% Regel, die besagt, dass der Berater höchstens die Hälfte, also 50%, des Geschehens in der Beratung beeinflussen kann. Die andere Hälfte wird durch den Klienten kontrolliert. Das heißt, dass selbst bei vorbildlichem Verhalten des Beraters kein Erfolg garantiert sein kann. Die Missachtung von Grundregeln in schwierigen Beratungssituationen sind daher ein entscheidender Faktor, der das Entstehen von Non- Adhärenz, und der daraus resultierenden Non- Compliance, fördert. Die erste generelle Grundregeln besagt, das „schwierige Situationen [...] schwierig [sind]!" (Noyon; Heidenreich, 2013, S.12). Dieser Satz beschreibt treffend, das schwierige Situationen keinen schnellen und leichten Lösungsweg bieten und der Berater diese Situation gemeinsam mit dem Klienten lösen sollte (Noyon; Heidenreich, 2013, S.12). Nach dem Grundsatz „Vorbeugen ist besser als Heilen [...]." (Noyon; Heidenreich, 2013, S.13), ist es nach den Autoren nicht vollständig vermeidbar, das schwierige Beratungssituationen auftreten können. Jedoch kann die Wahrscheinlichkeit des Auftretens solcher Situationen beeinflusst werden. So weisen Unkonzentriertheit, Antipathie, Vermittlung von Desinteresse oder Voreingenommenheit eine erhöhte Wahrscheinlichkeit für schwierige Beratungssituationen auf. Auch ein zu frühes einsetzen therapeutischer

Strategien kann zu Recht beim Ratesuchenden zu Reaktanz oder Widerstand, führen (Noyon; Heidenreich, 2013, S.13). Eine weitere Grundregel ist „Ruhe bewahren! Überhastet reagieren ist fast nie günstig." (Noyon; Heidenreich, 2013, S.13). Wenn sich der Zustand einer schwierigen Situation in der Beratung eingestellt hat, sollte zunächst nicht voreilig reagiert werden. Da solche Situationen oft auch eine körperliche Anspannung herbeiführen, ist es ratsam eine kurze Pause einzulegen und die Gedanken dazu zu ordnen (Noyon; Heidenreich, 2013, S.13-14). Des Weiteren „[...] geht [es] um konkrete Situationen, nicht um Persönlichkeitseigenschaften!" (Noyon; Heidenreich, 2013, S.14). Häufig werden vorschnell Persönlichkeitsmerkmale des Klienten spekulativ genutzt, um schwierige Beratungssituationen zu erklären. Jedoch empfehlen die Autoren Noyon und Heidenreich (2013, S.14), keine vorschnellen Generalisierungen vorzunehmen, sondern sich konkret auf den vorliegenden Sachverhalt zu konzentrieren.

Außerdem soll der Kontext in die Betrachtung miteinbezogen werden, weshalb der Klient die Beratung aufgesucht hat, um bei sogenannten „Schnittstellenproblemen" (Noyon; Heidenreich, 2013, S.15) frühzeitig zu agieren. Denn es könnte sein, dass die Beratungsstrategie nicht zielführend ist und sich möglicherweise eine andere therapeutische Maßnahme als erforderlich herausstellt. Hier sollte der Berater die Grenzen seines Kompetenzbereiches genau kennen und in gemeinsamer Absprache mit dem Klienten, diesen, an einen Experten weitervermitteln. Dies beugt Widerstände seitens des Klienten vor und schützt das adhärente Verhalten (Noyon; Heidenreich, 2013, S.14). Allgemein empfehlen, Miller und Rollnick (2002) eine motivierende Gesprächsführung, um verabredete Absprachen zu erinnern und die damit verbundenen Ziele zu fördern. Nach Noyon und Heidenreich (2013, S.15) gilt ein kollegialer Austausch in Form von Supervision als vorteilig, um dysfunktionale Denkmuster, wie beispielsweise die Überzeugung ein schlechter Berater zu sein, zu entgegnen. Ebenso empfehlen die Autoren auf die „[...] eigene Balance [zu achten]." (Noyon; Heidenreich, 2013, S.15), da schwierige Beratungssituationen auch den Berater belasten können. Demnach hat die Selbstfürsorge einen hohen Stellenwert, um die Attribute, wie Gesundheit, Arbeitsfähigkeit und Zufriedenheit, zu fördern (Noyon; Heidenreich, 2013, S.16). Weiter unterliegt jede Therapie bzw. Beratung einem Spannungsfeld von Akzeptanz und Veränderung, wonach eine Balance zwischen Veränderungswille und Akzeptanz der Problemlage zur Bewältigung schwieriger Situationen eine zentrale Rolle spielt (Noyon; Heidenreich, 2013, S.16). Linehan (1994, S.73) postuliert, dass nur bei hinreichender Balance zwischen Veränderung und Akzeptanz eine erfolgreiche Beratung möglich ist, da ein übermäßiger Veränderungsdruck dazu führt, dass der Klient sich mit seinem Problem nicht ernst genommen fühlt und bei zu häufigem erwidern der Akzeptanz, es ebenso zu Problemen kommt. Hiernach muss der Berater durch Fingerspitzengefühl agieren und einen gesunden Mittelweg finden, um die partnerschaftliche Beziehung nicht zu gefährden. Zusätzlich können, nach Wittchen und Hoyer (2011, S.447), schwierige Beratungssituationen vermieden werden, wenn der Berater aktiv zuhört, Empathie zeigt und sich um Akzeptanz bemüht. Das Beratungskonzept sollte grundsätzlich ressourcenorientiert sein, um das Empowerment des Patienten zu fördern und somit das adhärente Verhalten des Patienten zu stärken (Wittchen; Hoyer, 2011, S.445).

Zu Beginn jeder Beratungssitzung sollte kurz thematisiert werden, wie die vereinbarten Absprachen (z.B. Hausaufgaben) funktionieren. Bei Problemen mit der Umsetzung oder Nicht- Einhalten der Absprachen sollten die Gründe gemeinsam mit dem Klienten, im adhärenten Sinne, erörtert werden, um adäquate Lösungen zu finden. Grundsätzlich ist zu beachten, dass Absprachen klar und genau zu definieren sind und von diffusen Formulierungen Abstand zu nehmen ist. Ebenso sollte dem Klienten ausreichend Zeit für die Umsetzung gegeben werden, da zu kurze Zeitabstände unnötigen Stress und Druck beim Klienten verursachen können (Noyon; Heidenreich, 2013, S.92). Eine geeignete Technik zu Beginn der Beratung bietet hierfür das Modell des Selbstmanagements, nach Kanfer, Reinecker und Schmelzer (2012, S.88), dass ausführliche Ziele und Werte des Klienten fordert bevor konkrete Verhaltensänderungen stattfinden. Besonders wertvoll ist, nach den Autoren, das Anlegen von sogenannten Pro- und Contra-Listen für kurz- und langfristige Ziele. Abschließend kann gesagt werden, dass adhärentes Verhalten als Bestandteil der partizipativen Entscheidungsfindung beiträgt und dies wiederum auf lange Sicht zu erhöhter Compliance führt. Letztlich sind daher der verantwortungsvolle

Umgang von Adhärenz und Compliance wichtige Faktoren, um negativen Folgen, wie hohe Kosten im Gesundheitssystem oder ernste gesundheitliche Beeinträchtigungen für den Klienten, zu vermeiden.

**Teilaufgabe A2**

### 2.1 Systemischer Beratungsansatz

Die systemische Beratung entstand nicht durch einen einzelnen Begründer, wie beispielsweise die Psychoanalyse oder die klientenzentrierte Beratung, sondern sie setzte sich aus verschiedenen Strömungen und Wissenschaftsbereichen zusammen (Nußbeck, 2014, S.66). Meist findet der systemische Ansatz Anwendung in der Paar- und Familientherapie. Er ist aber auch im Einzelsetting möglich. Eine Therapieindikation ist gegeben, wenn das Bezugssystem des Patienten und die Interaktionen im System an der vorliegenden Störung des Patienten beteiligt sind. Kontraindiziert ist die Intervention, wenn intrapsychisch bedingte Probleme des Patienten ursächlich sind, keine Therapiebereitschaft besteht oder ein Behandlungsauftrag fehlt (Berking; Rief, 2012, S.88).

In der Betrachtung werden, nicht wie in anderen Therapieansätzen üblich, die Symptome eines Patienten betrachtet und untersucht, sondern die Strukturen und Kommunikationsmuster dessen sozialen Umfeldes als ausschlaggebend und aufrechterhaltend für die Probleme angesehen (von Schlippe; Schweitzer, 2017, S.7). Nach dem systemischen Ansatz sind die Interaktionen innerhalb des Systems sowie die Beziehungen untereinander fehlerhaft und verantwortlich für die Symptome eines Patienten, worin auch der wesentliche Unterschied zur individualpsychologischen Therapie besteht (Berking; Rief, 2012, S.85). Menschliche Systeme, auch lebendige Netze genannt, sind komplex und selbstorganisiert und bilden sich durch eigene Erfahrungen und ihre Geschichten. Ein System kann in verschiedene Subsysteme (z.B. Kindersystem, Elternsystem) untergliedert sein, wo es starre, diffuse und klare Grenzen gibt (Nußbeck, 2014, S.68) und wonach „eine Familie [...] als gesund [gilt], wenn die Subsysteme ihre Funktion erfüllen." (Berking, Rief, 2012, S.87). Sie verhalten sich dynamisch und einzigartig und haben dabei ihre eigene Logik und Ordnung und kreieren ihre Beziehungen durch Sprache oder Symbole. Jede Verhaltensweise des Systems, auch das nicht erwünschte Symptom eines Mitgliedes, hat eine Aufgabe und hält das System in einem sinnhaften Gleichgewicht. Jegliche Veränderung bringt das System aus seiner Homöostase und führt dazu, dass eine neue Balance geschaffen werden muss. (Nußbeck, 2014, S.67-69). Ziel des Interventionsansatzes ist es bestehende destruktive Interaktions- und Kommunikationsmuster zu finden und deren konstruktive Veränderungen zu ermöglichen (Berking; Rief, 2012, S.85). Die Kernfrage ist, nach den Autoren von Schlippe und Schweitzer (2017, S.8), wie die Mitglieder ihre Möglichkeiten zusammenfassen können, um ein gutes Resultat zu erzielen. Dabei soll die Kommunikation innerhalb des Systems und die gesamte Familienstruktur helfen (z.B. Hierarchie, Interaktionsmuster).

Es geht dabei „nicht darum, herauszufinden, wo in der Person die zurückliegenden Ursachen für Symptome der Störung liegen, sondern welche Rahmenbedingungen innerhalb des Systems verändert oder neu geschaffen werden müssen, um die Entwicklung alternativer und konstruktiver Muster zu unterstützen." (Berking; Rief, 2012, S.86). Es wird nach lösungsorientierten Ressourcen gesucht, um die besondere Herausforderung zu begünstigen, dass das destruktive Verhalten in konstruktive Beiträge umgewandelt werden kann (von Schlippe; Schweitzer, 2017, S.9). Im systemischen Beratungsprozess geht es darum sich im Konstrukt von Geschichten und „Wirklichkeiten" der Teilnehmer einzubringen und Angebote zu machen diese Geschichten anders zu sehen und die gewohnten Erzählungen zu dekonstruieren (von Schlippe; Schweiter, 2017, S.11), wobei „die Möglichkeit zur konstruktiven Veränderung [...] das System [...] allein in sich [trägt]." (Nußbeck, 2014, S.72). Der Therapeut nimmt in der systemischen Therapie eine direkte und strukturierte Allparteilichkeitshaltung ein und wahrt somit eine unabhängige Perspektive. Er verhält sich jedem Systemmitglied neutral und wertfrei gegenüber, um keine Koalitionsbildung zu begünstigen und generiert durch dieses Vorgehen Hypothesen über die Beziehungen des Systems. Der Berater kann dazu beispielsweise die Methode des zirkulären Fragens verwenden, wenn er ein Mitglied fragt, was ein anderes über ein Drittes denkt (Nußbeck, 2014, S.70). Hiernach ist, nach Berking und Rief

(2012, S.89), eine Trennung von der Explorations- und Interventionsphase schwer möglich, da die meisten Diagnoseverfahren schon eine Art therapeutische Wirkung haben. Nach Boeger (2013, S.130) gilt der systemische Ansatz, als offen und vorteilig, da er viele Interventionstechniken bietet, die verschiedene Ziele verfolgen, wie beispielsweise die Verflüssigung, die die festgefahrenen Kommunikationsmuster durch geeignete Fragetechniken auflockern möchte, um sie zu „verflüssigen". Oder die Aktivierung von Ressourcen, um ein selbst geschaffenes Problem wieder selbst zu beheben. „Ressourcen bedeuten also ein positives Potential, [...]" (Nußbeck, 2014, S.77) und verleihen einer Person das Gefühl ihr Leben gut orientiert und selbstbestimmt bestreiten zu können. Es werden hierbei interne und externe Ressourcen unterschieden. Die inneren Ressourcen sind kognitive Überzeugungen, wie beispielsweise die Selbstwirksamkeit, das eigene Leben selbstbestimmt leben zu können und optimistisch auf die eigenen Stärken zu vertrauen. Externe Ressourcen sind soziale Bezüge, materielle Güter oder kulturelle Mittel (Nußbeck, 2014, S.78).

## 2.2 Salutogenese Konzept und Kohärenzgefühl

Der Medizinsoziologe Aron Antonovsky prägte den Neologismus Salutogenese als Gegenbegriff zur Pathogenese und meinte damit die Gesundheitsförderung. Die Leitfrage seines Konzeptes lautet „Was hält gesund?" und wendet sich ab von dem Gedanken „Was macht krank?". (Hurrelmann, 2017, S.45). Er betrachtet Gesundheit und Krankheit nicht dichotom, sondern beschreibt Gesundheit und Krankheit als zwei Pole eines Kontinuums, auf dem Menschen ständig hin und her pendeln (Hurrelmann, 2017, S.83). Aus diesem Konzept wird deutlich, das im Sinne der Gesundheitsförderung, die Nutzung oder Entwicklung von Ressourcen (über)lebensnotwendig ist (Nußbeck, 2014, S.79). Das Kernstück des salutogenetischen Konzeptes ist das sogenannte Kohärenzgefühl, wonach „eine Grundhaltung verstanden [wird], die die Welt als sinnvoll und zusammenhängend erlebt." (Nußbeck, 2014, S.78). Nach Bullinger und Brütt, ist der sogenannte sence of coherence (SOC) „ein Indikator dafür, inwieweit eine Person für die Erhaltung ihrer Gesundheit zu aktivieren ist." (2009, S.24) und dient als zentrale Kraft, Menschen zu befähigen, mit Stressoren besser umgehen zu können (Hurrelmann, 2017, S.83). Das Kohärenzgefühl besteht aus drei Komponenten: der Verstehbarkeit, der Handhabbarkeit und der Sinnhaftigkeit. Die Verstehbarkeit beschreibt das kognitive Gefühl Umweltreize als strukturiert und geordnet verarbeiten zu können. Die emotional kognitiven Gefühle der Handhabbarkeit meinen, Probleme mit einem gesunden Maß an Vertrauen lösen zu können. Hingegen die Sinnhaftigkeit die motivationale Komponente benennt und überzeugt ist, dass es sich lohnt, in lösungsorientiertes Handeln zu investieren (Nußbeck, 2014, S.78). Die drei Komponenten dienen als basale Lebensorientierung, um das Leben eines Menschen verstehbar, bewältigbar und sinnhaft zu machen (Hurrelmann, 2017, S.83).

## 2.3 Methoden des systemischen Ansatzes

Durch die nachstehenden systemischen Beratungstechniken lassen sich die drei Komponente, aus denen sich das Kohärenzgefühl zusammensetzt, beeinflussen. Folgende Abbildung 1 zeigt einen kurzen Überblick zur Thematik:

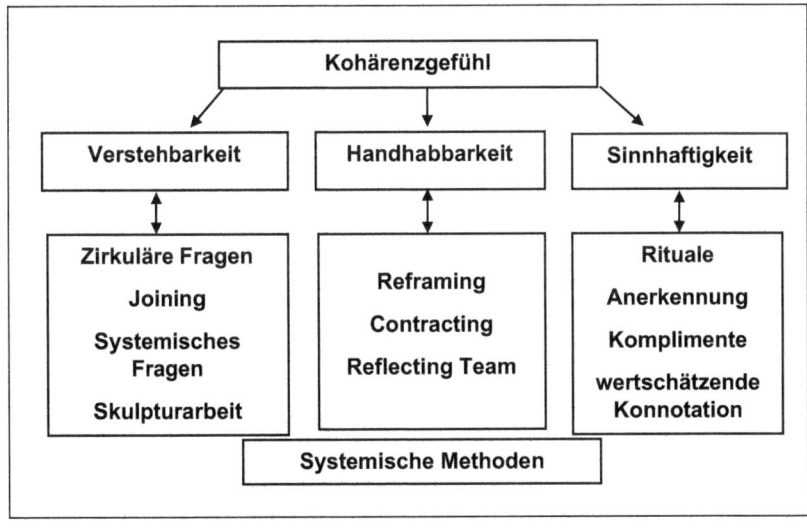

Abbildung 2: Kohärenzgefühl und systemische Methoden
(Quelle: Eigene Darstellung)

Die Komponente der Verstehbarkeit, lässt sich beispielsweise durch diverse Fragetechniken, das Joining oder die Skulpturarbeit des systemischen Ansatzes beeinflussen. Um die eigene Umwelt, spezielle Situationen oder Familienmitglieder besser zu verstehen, können durch die Fragetechniken neue Informationen gewonnen werden. Das Joining kann beispielsweise als Interaktionsmethode genutzt werden, um Kontakte herzustellen und sich mit anderen verbal und emotional zu verbinden (von Schlippe; Schweitzer, 2016, S.225). Das systemische Fragen bedient sich durch ihre Technik einer potenzierenden Wirkung, da durch sie meist mehrere Personen gleichzeitig implizite Botschaften und neue Informationen erhalten (von Schlippe; Schweitzer, 2017, S.40). Beim zirkulären Fragen wird „eine Person […] gefragt, was eine andere über eine dritte denkt, so dass die Wahrnehmung der Personen und unterschiedliche Perspektiven deutlich werden." (Nußbeck, 2014, S.70). Die Personen setzen sich aufmerksam mit der Frage auseinander und versuchen die „Wirklichkeit" dahinter zu sehen. Das heißt, die Fragen dienen nicht als Instrument über die reine Informationsgewinnung, sondern als Intervention in Form einer „Wirklichkeitsbeschreibung" des sozialen Systems (von Schlippe; Schweitzer, 2017, S.41).

Die Beschreibung jeder Aussage, wie die Wirklichkeit ist, eröffnet demnach verschiedene Implikationen und Perspektiven. So steckt hinter jeder Frage eine implizite Aussage und umgekehrt enthält jede Antwort ein implizites Angebot, wie die Dinge zu sehen sind (von Schlippe; Schweiter, 2016, S.249). Auch die Skulpturarbeit ist eine symbolische Methode Gefühle, Kommunikations- und Beziehungsmuster zu repräsentieren und mit dem ausgestreckten „Blame-Finger" (ausgestreckter Zeigefinger) vor einer Person zu stehen, um durch diese Situation wahrzunehmen und zu verstehen, was dieses Verhalten beim gegenüber auslöst (von Schlippe; Schweitzer, 2016, S.310). Die genannten Methoden unterstützen die Komponente der Verstehbarkeit, um die Umwelt als strukturiert und geordnet wahrnehmen zu können und eröffnet die Perspektive viel über seine Mitmenschen und deren Wahrnehmungen bzw. Wirklichkeiten zu erfahren. Im weiteren Sinne kann dies als Unterstützung und Förderung von sozialer Vernetzung angesehen werden.

Um die Bewältigungsressourcen auszubauen und die Handhabbarkeit zu fördern, eigenen sich die Techniken, wie das Reframing, Reflecting Team oder Contracting. Das Reframing, auch mit Umdeutung übersetzt, meint nicht alleinig Negatives in Positives umzuformulieren, sondern bemüht sich um die Bereitschaft, Dinge oder Äußerungen, immer wieder zu hinterfragen und zu versuchen, diese, in einem anderen Blickwinkel wahrzunehmen (von Schlippe; Schweitzer, 2017, S.76). Das heißt, „Symptome, Probleme oder Beziehungen werden im Sinn der Erhaltung des Gleichgewichts umgedeutet und damit in einen neuen `Rahmen` gebracht [...]" (Nußbeck, 2014, S.70). Das Contracting fungiert auf der Basis der inhaltlichen Klärung von Erwartungen, Anliegen und Anlass einer Intervention. Es ist hilfreich Situationen besser zu handhaben, um ausreichend Vorinformationen zu sammeln und „unnötiges Überengagement" von anderen zu vermeiden und somit eine gute kooperative Balance zu schaffen (von Schlippe; Schweitzer, 2016, S.235). Das sogenannte Reflecting Team eröffnet dem System im Sinne der Gleichberechtigung ihre Ansichten, Anregungen oder Lösungsvorschläge, um eine Vielzahl an Möglichkeiten anzubieten aus der sich das ratsuchende System bedienen kann, um dadurch die Probleme besser zu handhaben (von Schlippe; Schweitzer, 2017, S.83). Diese Methoden fördern das Vertrauen Schwierigkeiten selbstbestimmt lösen zu können und gewährleisten mehr Sicherheit im Lösungsprozess und im Umgang mit derartigen Situationen.

Ein wichtiger und motivationaler Faktor ist der Lebenssinn eines Menschen. Er kann auch als Motor oder treibende Kraft verstanden werden, um das eigene Leben als sinnhaft anzuerkennen. Dazu eignen sich die systemischen Methoden, wie Rituale, Komplimente, Anerkennungen und wertschätzende Konnotationen. „Als Rituale bezeichnet man verdichtete, gemeinschaftliche und symbolische Handlungsabläufe, die einen über diese Handlung hinausweisenden `Sinn`, eine Bedeutung ausdrücken." (von Schlippe; Schweitzer, 2016, S.329). Rituale können gewisse Vorhaben oder Botschaften auf besondere Weise verstärken und unterstützen (von Schlippe; Schweitzer, 2016, S.330). Die Faktoren, wie Anerkennungen, Komplimente und wertschätzende Konnotationen versuchen Dinge konstruktiv anzuerkennen, auch wenn sie nicht primär positiv sind. Diese wertschätzende Haltung ist ein wichtiges Attribut, um die Motivation einer Person oder eines Systems aufrechtzuerhalten und das Leben als sinnig wahrzunehmen. Die Sinnhaftigkeit wird durch diese Methoden unterstützt, um die Energien aufzubringen sich aufkommenden Problemen oder Konflikten zu stellen.

**Teilaufgabe A3**

**3.1 Kommunikationsstil und nonverbale Elemente**

Die Kommunikation in der Beratung basiert immer auf mehreren Kanälen, wonach sich, laut einer Untersuchung von Mehrabian (1980), ergab, dass „nur etwa 7% der emotionalen Bedeutung einer Botschaft durch Sprache vermittelt werden, mehr als 38% [...] durch sprachbegleitende Merkmale [...] und über 55% durch [...] nonverbales Verhalten [...]." (Nußbeck, 2014, S.42). In der Beratung gibt es einige bewusste und unbewusste Elemente, die den Kommunikationsstil eines Klienten verraten. Nach Schulz von Thun (2018, S.16) gibt es acht verschiedene Kommunikationsstile, die Sender oder Empfänger im Kommunikationsprozess zeigen können. Jeder Kommunikationsstil lässt sich anhand von nonverbalen Elementen, wie beispielsweise durch Mimik oder Körpersprache, identifizieren. Im folgenden Beispiel wird eine Situation aus dem Praxisalltag geschildert, in der ein 47 Jahre alter Mann einen Beratungstermin vereinbart, weil er gerne zu ein paar persönlichen Problemen einen Rat hätte.

**3.2 Fallbeispiel aus der psychologischen Praxis**

Der Klient erscheint, wie vereinbart, zu einem Erstgespräch in der psychologischen Beratungspraxis einer Psychologin. Bereits bei der Begrüßung an der Praxistür erwidert der Mann nicht die entgegengestreckte Hand und belässt es bei einem neutral klingenden „Guten Tag". Er hat ein unscheinbares Äußeres und ist nicht auffällig, sondern eher trist gekleidet. An seinem Gang ist eine schützende Körperhaltung wahrzunehmen. Er hat leicht hochgezogene Schultern und die Arme sind vor dem Körper. Im Gesprächsraum angekommen, möchte der Klient der Beraterin nicht seine Jacke für die Garderobe überlassen, sondern er behält sie in seiner Nähe und legt sie über seinen Schoss. Er nimmt Platz und verschränkt sofort die Arme vor seinem Brustkorb. Ebenso überkreuzt er seine Beine in der Sitzhaltung. Sein Blick ist nervös und wandert durch das Zimmer. Nach anfänglicher Orientierung bleibt der Blick dann am Boden hängen. Die Beraterin begrüßt den Klienten nochmals herzlich und versucht einen Blickkontakt herzustellen, jedoch weicht der Mann dem Blick immer wieder aus. Wenn die Beraterin den Klienten anlächelt, erwidert er dieses nicht und bleibt in seiner Mimik neutral bis ernst. Sein Gesichtsausdruck und Verhalten ist kühl und unnahbar. Auf Nachfragen der Beraterin geht er ziemlich wortkarg ein und erweist sich als nicht sehr gesprächig. Häufig antwortet er nicht mal verbal, sondern gibt nur einen kurzen Laut von sich oder schüttelt den Kopf bei Verneinung. Allgemein ist die Klangfarbe seiner Stimme eher neutral und er spricht leise und weniger ausdrucksstark. Die Frage, ob er eine Lebensgefährtin hat, verneint er. Ebenso die Frage nach vielen und regelmäßigen Freundschaften. Er ist kein Mitglied in einem Verein und betreibt keinen Teamsport. Er begründet dies rational mit „Zeitmangel" und bedient sich bei seinen Statements mehr mit Hilfe seines Verstandes und Vernunft.

Auf die Frage, ob er gerne alleine ist, bejaht er mit einem Kopfnicken und ergänzt dies mit dem Satz „Dabei fühle ich mich am wohlsten." In Bezug auf sein vorstelliges Problem bietet ihm die Psychologin einen Teilnehmerplatz in einer Gruppensitzung an, um mit anderen diesbezüglich in Kontakt zu kommen. Diesen Vorschlag lehnt er kopfschüttelnd ab und zeigt kein Interesse. Generell fällt es der Beraterin schwer ein fließendes Gespräch mit ihm aufzubauen. Der Mann gibt sich arg verschlossen. Auffallend ist, dass er fast nie das Wort „Ich" verwendet. Bei zu persönlichen oder tiefgründigen Fragen zeigt sich ein böser Gesichtsausdruck, gepaart mit aggressiver Stimmung, da er nicht zu viel von sich Preis geben will. Im gesamten Beratungsverlauf bleiben seine Arme vor der Körpermitte verschränkt und er zeigt keine offene Sitzhaltung. Er signalisiert, dass er keine Nähe wünscht. Am Ende der Beratung steht er auf, bleibt auf Abstand und zeigt keine Bereitschaft sich mit einem Händedruck zu verabschieden.

## 3.3 Der sich- distanzierende Kommunikationsstil

Bei dem vorangestellten Beispiel handelt es sich um den sich-distanzierenden Typ. Dieser kommuniziert verbal und nonverbal mit einer Art unsichtbaren Wand und sorgt dabei für einen Sicherheitsabstand, damit ihm Menschen nicht zu nahe kommen können (Schulz von Thun, 2018, S.226). Allgemein ist er sehr rational und versucht mehr auf der Sachebene statt auf der Beziehungsebene zu kommunizieren (vgl. Schulz von Thun, 2018, S.227). In der folgenden Abbildung werden die vier Grundbotschaften des sich- distanzierenden Stils treffend dargestellt:

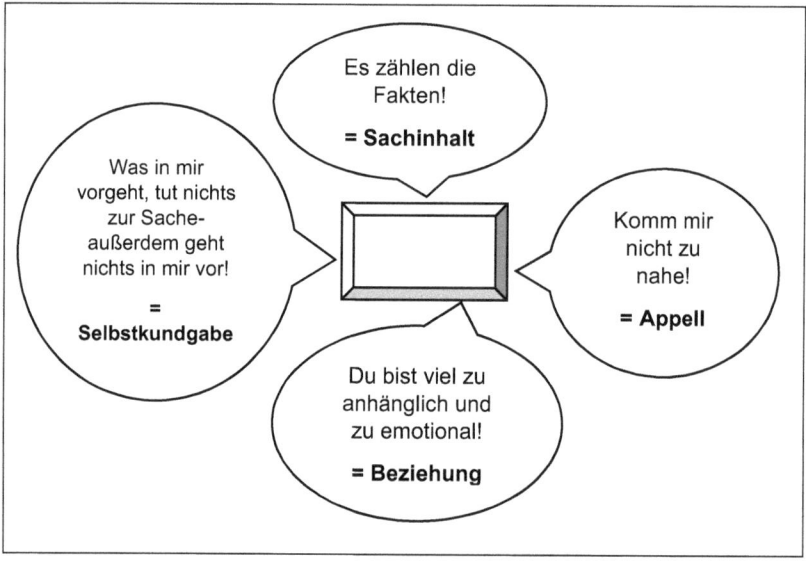

Abbildung 2: Grundbotschaften des sich distanzierenden Stils
(Quelle: Eigene Darstellung, in Anlehnung, Schulz von Thun, 2018, S.230)

Typisches Geschlecht sind meist Männer, da sie häufig durch die heutige Berufswelt diesen distanzierenden und sachlichen Umgangsstil verwenden (Schulz von Thun, 2018, S.230-231). Der Klient wirkt dadurch arrogant und abweisend. Wenn er von einer Person mit viel Nähe konfrontiert wird, fühlt er sich schnell bedrängt und reagiert aggressiv. Seine größten Ängste sind die Angst vor

Abhängigkeit und die Angst vor Selbstverlust (Schulz von Thun, 2018, S.234; S.240). Ein Patient von Riemann (1996, S.83) beschreibt dies treffend: „Wenn man meine Distanz durchbricht, kommt Hass auf!". So macht er sich die Aggression als Grenzschutz zu nutzen (Schulz von Thun, 2018, S.236). Durch sein paradoxes Verhalten und dem Teufelskreis von Nähe und Distanz, erfährt er meist Ablehnung oder Zurückhaltung, was dazu führt das er sich weiter in sein Schneckenhaus zurückzieht (Schulz von Thun, 2018, S.239). Durch diesen Kreislauf nimmt die „Karriere zum Eigenbrötler [...] ihren Lauf." (Schulz von Thun, 2018, S.238). Die Ursache für sein Verhalten sind prägende Erlebnisse und zwischenmenschliche Erfahrungswerte (Schulz von Thun, 2018, S.230).

### 3.4 Reaktion auf sich- distanzierenden Kommunikationsstil

Im Fokus der Beratung steht die Bewältigung der Persönlichkeits- und Beziehungsarbeit (Schulz von Thun, 2018, S.251), die die Beraterin mit einem helfenden Kommunikationsstil begleiten kann. Dieser Stil sollte im besten Fall dazu führen, das der Klient lernt einen authentischeren Umgang von Mensch zu Mensch aufzubauen und mehr soziale Kontakte zu pflegen. Auch ein gesundes Maß an Abhängigkeiten und eine offenere Kommunikation mit anderen zu erlernen. Als besondere Einstiegsübung nennt Schulz von Thun (2018, S264), durch aktives Zuhören Empathie für seine Mitmenschen zu lernen. Abgesehen von der zugrunde liegenden Hintergrundproblematik des helfenden Kommunikationsstils, bietet er den Vorteil, dass er sich offen seinem Gegenüber anbietet und die Stärken und Schwächen des Klienten, wie in diesem Fall, annimmt (Schulz von Thun, 2018, S.88). Diese neutrale Position bedrängt den distanzierten Typ am wenigsten, da er mit zu viel emotionaler oder räumlicher Nähe nicht umgehen kann. Ein ebenfalls distanziertes Verhalten des Beraters würde zu keinen Veränderungen beim Klienten führen und eine zu starke Annäherung würde die Grenze seiner Schutzzone durchbrechen, wonach meist eine aggressive Reaktion folgt. Ganz im Sinne ihres Berufsstandes, wird die Psychologin gerne helfen. Sie wird versuchen die Probleme mit ihrem Klienten Schritt für Schritt zu bearbeiten und ihm denkbare Interventionsmaßnahmen vorschlagen. Der helfende Stil zeigt dazu Möglichkeiten auf, wie eine Verbesserung der Verhaltensmuster herbeigeführt werden kann und überlässt schließlich dem Klienten, ob er die Hilfe annimmt oder nicht. Zudem ist beim „eingefleischten Distanzler" (Schulz von Thun, 2018, S.264) nicht mit schnellen Erfolgen zu rechnen und verlangt vom Berater eine große Portion Geduld.

# Literaturliste

**Berking, M.; Rief, W.** (2012): Klinische Psychologie und Psychotherapie für Bachelor. Band II: Therapieverfahren Lesen, Hören, Lernen im Web. Berlin, Heidelberg: Springer.

**Boeger, A.** (2013): Psychologische Therapie- und Beratungskonzepte. 2. aktualisierte Auflage. Kohlhammer: Stuttgart.

**Bullinger, M.; Brütt, A. L.** (2009): Lebensqualität und Förderung der Lebensqualität. In M. Linden & W. Weig (Hrsg.). Salutotherapie in Prävention und Rehabilitation (S.17-30). Köln: Deutscher Ärzte Verlag.

**Coulter, A.** (1999): Paternalism or Partnership? - Patients have grown up - and there's no going back. BMJ. S. 719-720.

**Haynes, R. B.; Taylor, D. W.; Schrey, A.** (Hg.) (1986): Compliance Handbuch. 2. Aufl. München: Verl. für angewandte Wiss.

**Heuer, H. O.; Heuer, S. H.; Lennecke, K.** (1999): Compliance in der Arzneitherapie. Von der Non-Compliance zu pharmazeutischer und medizinischer Kooperation; mit 33 Tabellen. Stuttgart: Wiss. Verl.-Ges.

**Hurrelmann, K.; Klotz, T.; Haisch, J.** (Hg.) (2014): Lehrbuch Prävention und Gesundheitsförderung. 4., vollständig überarbeitete Auflage. Bern: Verlag Hans Huber.

**Kanfer, F. H.; Reinecker, H.; Schmelzer, D.** (2012): Selbstmanagement-Therapie. Ein Lehrbuch für die klinische Praxis. 5., korrigierte und durchgesehene Auflage. Berlin, Heidelberg: Springer-Verlag Berlin Heidelberg.

**Linehan, M. M.** (1994): Acceptance and Change: The central dialectic in psychotherapy. In S.C. Hayes, N.S. Jacobson, V.M.Follette & M.J. Dougher (Eds.), Acceptance and Change: Content and Context in Psychtherapy (pp.73-86). Reno: Context Press.

**Meißel, T.** (1996): Placebo, Compliance und der Traum von Irmas Injektion.

**Miller, W. R.; Rollnick, S.** (2002): Preparing People for Change. New York: Guilford.

**Noyon, A.; Heidenreich, T.** (2013): Schwierige Situationen in Therapie und Beratung. 30 Probleme und Lösungsvorschläge. 2., erweiterte Auflage. Weinheim, Basel: Beltz.

**Nußbeck, S.; Fengler, J.** (2014): Einführung in die Beratungspsychologie. Mit 94 Übungsfragen und Online-Antworten. 3., aktualisierte Auflage. München: Reinhardt UTB.

**Reichl, V.** (2005): Prospektive Auswirkungen der Kosteneinsparung im Gesundheitswesen auf Ärzte, Patienten und die Industrie. München, Univ., Diss., 2005. Wiesbaden: Deutscher Universitätsverlag.

**Riemann, F.** (1996): Grundformen der Angst. Eine tiefenpsychologische Studie. München: Reinhardt UTB.

**Schäfer, Chr.** (2017): Patientencompliance. Adhärenz als Schlüssel für den Therapieerfolg im Versorgungsalltag. 2. Auflage. Wiesbaden: Springer Gabler.

**Schlippe, A. von; Schweitzer, J.** (2016): Lehrbuch der systemischen Therapie und Beratung I. Das Grundlagenwissen. 3., unveränderte Auflage. Göttingen, Bristol, CT, U.S.A.: Vandenhoeck & Ruprecht.

**Schlippe, A. von; Schweitzer, J.** (2017): Systemische Interventionen. 3., unveränderte Auflage. Göttingen, Bristol, Stuttgart: Vandenhoeck & Ruprecht; UTB GmbH.

**Schulz von Thun, F.** (2017): Stile, Werte und Persönlichkeitsentwicklung. Differenzielle Psychologie der Kommunikation. 36. Auflage, Originalausgabe. Reinbek bei Hamburg: Rowohlt Taschenbuch Verlag (Rororo, 18496).

**Seemann, U. & Kissling, W.** (2008): Volkskrankheit "Noncompliane"- Ursachen, Folgen, Therapiemöglichkeiten. Psychoneuro; 34: 405-409.

**Wittchen, H.-U.; Hoyer, J.** (Hg.) (2011): Klinische Psychologie & Psychotherapie. 2., überarb. und erw. Aufl. Heidelberg: Springer-Medizin.

**World Health Organization** (2003): Adherence to long term therapy: evidence for action. Zugriff am 25.05.2018.
http://www.who.int/chp/knowledge/publications/adherence_report/en/.

# Abbildungsverzeichnis

Abbildung 1: Kohärenzgefühl und systemische Methoden .. ……………….. 12
Abbildung 2: Grundbotschaften des sich distanzierenden Stils ……………. 17

# BEI GRIN MACHT SICH IHR WISSEN BEZAHLT

- Wir veröffentlichen Ihre Hausarbeit, Bachelor- und Masterarbeit

- Ihr eigenes eBook und Buch - weltweit in allen wichtigen Shops

- Verdienen Sie an jedem Verkauf

Jetzt bei www.GRIN.com hochladen und kostenlos publizieren